Kaburorom bon te bwaoti

Te korokaraki iroun Elisabeth Preston
Te korotaamnei iroun Ka Mang Lee

Library For All Ltd.

E boutokaaki karaoan te boki aio i aan ana reitaki ae tamaaroa te Tautaeka ni Kiribati ma te Tautaeka n Aotiteeria rinanon te Bootaki n Reirei. E boboto te reitaki aio i aon katamaaroaan te reirei ibukiia ataein Kiribati ni kabane.

E boreetiaki te boki aio iroun te Library for All rinanon ana mwane ni buoka te Tautaeka n Aotiteeria.

Te Library for All bon te rabwata ae aki karekemwane mai Aotiteeria ao e boboto ana mwakuri i aon kataabangakan te ataibwai bwa e na kona n reke irouia aomata ni kabane. Noora libraryforall.org

Kaburorom bon te bwaoti

E moan boreetiaki 2022
E moan boreetiaki te katootoo aio n 2022

E boreetiaki iroun Library For All Ltd
Meeri: info@libraryforall.org
URL: libraryforall.org

E kariaiakaki te mwakuri aio i aan te Creative Commons Attribution-NonCommercial-No Derivatives 4.0 International License. E kona n nooraki katotoon te kariaia aio i aon http://creativecommons.org/licenses/by-nc-nd/4.0/.

Te korotaamnei iroun Ka Mang Lee

Atuun te boki Kaburorom bon te bwaoti
Aran te tia korokaraki Preston, Elisabeth
ISBN: 978-1-922844-41-5
SKU02280

Kaburorom bon te bwaoti

Iai kaburorom i nanon atuum ae kaakairiko,

man, aneneakin te kuna nakon te kateitei n te kanimnim.

Man, namakinan te kukurei ke te maaku, te aoriori ke te kakai un,

E kairiiri kaburorom.

Kaburorom bon te bwaoti!

Iai uoua iteran kaburorom n te atai ao n te maing.

A uaia ni mamarooro i marenaia ni katoa bong ao ni katoa ngaina.

Iai mwakoron kaburorom ae e buokiko ni mwainging,

Ngkana ko nakonako, ko kibakiba ao ni waekireere, ni mwamwaiee n iriira tangin te katangitang.

Mwakoron te kaburoro are mai nano i nuuka,

E buokiko bwa ko na kona n iango ao n ururinga te titiraki ni kamwaninga.

Bon te bwaoti n am namakin n aron te un ao te nanokaawaki,

Ao ai namakinan te kukurei ma te kimwaareirei.

E kaakanakoa te kanikinaa kaburorom nakon ian rabwatam kaanga ai aron te uaea.

Te kanikinaa aio bon te iti ao e buti n ai aron te ai.

Te kanikinaa aio e boni kairii ni kabane bwaai aika ko karaoi.

Ai aron aneneakin te kuna ae tangimwaaka ke karinakin te kauniwae.

E na tabe n rikirake kaburorom, ao e na bibitaki ni katoa bong.

E na rikirake buuburana ao rabakauna ni karokoa a tebe iam.

E na rikirake ni korakora ao n toma raoi mwakoron kaburorom aika ko kaakaboonganai.

A na baitii n nako raoi bwaai ngkana ko reiakianii.

E na aki kona ni korakora mwakoron kaburorom are ko aki kaakabonganaa.

A na moantaai n rikirake n uareereke ao ni ngore

Ngaia are, kateimatoaa kaburorom ni kabonganaa ibukin te bwai ae ko taatangiria,

Te koro kario, te butibooro ke te buti n te bwaatika.

Iai kaburorom i nanon atuum ae e kakairiiriko,

Man te biribiri i aon te uteute nakon kabwaraakin te tikuruu.

Tarataraakin Nei Wiiraraa ke kakaeakin te nimroona,

Kaburorom bon te tia kairiiri. Kaburorom bon te bwaoti!

Ko kona ni kaboonganai titiraki aikai ni maroorooakina te boki aio ma am utuu, raoraom ao taan reirei.

Teraa ae ko reiakinna man te boki aio?

Kabwarabwaraa te boki aio.
E kaakamanga? E kakamaaku?
E kaunga? E kakaongoraa?

Teraa am namakin i mwiin warekan te boki aio?

Teraa maamaten nanom man te boki aei?

Karina ara burokuraem ni wareware
getlibraryforall.org

Rongorongon te tia korokaraki

Elisabeth Preston bon aia taokita mwauku man te University i Canberra, Australia, ao e korakora nanona ni kan buokiia aomata ake iai mwaukuia are e rootaki iai kaburoroia, n ai aroia aomata aika a boo, ke iai irouia te aoraki ae te Parkinson disease. Iai ana PhD ao ana Master Degree iaon aorakin te kaburoro (neurological physoitherapy). E maemaeka i Canberra, Australia, ma buuna ao 3 natina, ao ana kamea aika a rangi n ikawai ma temanna e bonotaninga ao temanna tii tennai rangana. E maamate nanona ni korean karaki aika e na kakukureiia ao n reireiniia natina.

Ko kukurei n te boki aei?

Iai ara karaki aika a tia ni baarongaaki aika a kona n rineaki.

Ti mwakuri n ikarekebai ma taan korokaraki, taan kareirei, taan rabakau n te katei, te tautaeka ao ai rabwata aika aki irekereke ma te tautaeka n uarokoa kakukurein te wareware nakoia ataei n taabo ni kabane.

Ko ataia?

E rikirake ara ibuobuoki n te aonnaaba n itera aikai man irakin ana kouru te United Nations ibukin te Sustainable Development.

libraryforall.org

www.ingramcontent.com/pod-product-compliance
Lightning Source LLC
Chambersburg PA
CBHW040321050426
42452CB00018B/2958